Kenneth E. Hagin

Die Autorität des Gläubigen

Titel der Originalausgabe: Authority of the Believer / German

Aus dem Englischen übersetzt

des Wort Glaubens
Christliches Zentrum e.V.
Am Kiesgrund 2–4
D–8016 Feldkirchen / München
ISBN 3-924054-18-5

In der Schweiz:

Zoe Evangelistische Vereinigung

Badenerstr. 808, CH–8048 Zürich
ISBN 3-909260-06-3

In Österreich:

AGAPE Christliche Vereinigung

Postfach 138, A–5024 Salzburg
ISBN 3-900658-12-9

5. Auflage, 25. – 29. Tausend, Oktober 1989

Die Bibelstellen sind in der Regel
der Schlachter-Übersetzung entnommen.

Printed in Germany

Herstellung
Satz: Treiber-Offset, München · Druck: J. Adolf Schwarz, Lindenberg/Allgäu
Bestellungen sind an obenstehende Adressen zu richten.

Inhaltsverzeichnis

Kapitel 1

Die Gebete des Paulus

Da das Thema dieses Buches auf dem Epheserbrief beruht, möchte ich den Leser auffordern, zunächst die ersten drei Kapitel des Epheserbriefes zu lesen.

Das erste und dritte Kapitel enden jeweils mit einem Gebet. Paulus sagt uns hier, daß er für die Gemeinde in Ephesus betet. Eph. 1,16–17: *"(Weshalb auch ich) nicht lasse, für euch zu danken und in meinen Gebeten euer zu gedenken, daß der Gott unseres Herrn Jesus Christus, der Vater der Herrlichkeit, euch gebe den Geist der Weisheit und Offenbarung in der Erkenntnis seiner selbst."*

Die Gebete im ersten und dritten Kapitel des Epheserbriefes sind vom Heiligen Geist inspiriert worden. Paulus betet, aber er betet nicht nur für die Gemeinde in Ephesus. Diese Gebete gelten uns ebenfalls. Es sind vom Geist eingegebene Gebete, und deshalb gelten sie uns heute genauso wie damals der Gemeinde in Ephesus.

Der Wendepunkt in meinem Leben kam, als ich diese Gebete mehr als 1000 mal für mich selbst gebetet hatte. Ich begann mit dem ersten Kapitel und las mir die Gebete selbst laut vor. Jedesmal, wenn Paulus "euch" sagte, setzte ich "mir" ein. Zum Beispiel las ich Eph. 3,14–17 so: *"Deswegen beuge ich meine Knie vor dem Vater* ***meines*** *Herrn Jesus Christus, nach welchem jede Vaterschaft im Himmel und auf Erden genannt wird, daß er* ***mir*** *nach dem Reichtum seiner Herrlichkeit verleihe, an Kraft zuzunehmen durch seinen Geist am inwendigen Menschen, daß Christus durch den Glauben in* ***meinem*** *Herzen wohne."*

Ich verbrachte sehr viel Zeit in der Gemeinde, in der ich Pastor war, und betete diese Gebete mehrmals täglich für mich selbst. Manchmal sagte ich zu meiner Frau, daß ich in die Gemeinde gehen würde, um zu beten, und daß ich, außer in einem Notfall, nicht gestört werden wollte. Einige Male blieb ich zwei oder drei Tage hintereinander in den Gemeinderäumen.

Es vergingen etwa sechs Monate, bis das erste, für das ich gebetet hatte, eintraf. Im 17. Vers des ersten Kapitels heißt es: "auf daß der

Gott unseres Herrn Jesus Christus, der Vater der Herrlichkeit, euch gebe den Geist der Weisheit und Offenbarung in der Erkenntnis seiner selbst." Das Wort Gottes fing an, sich mir zu offenbaren. Ich begann Dinge im Wort zu sehen, die ich niemals zuvor erkannt hatte. Ich sagte meiner Frau, daß ich vollkommen unwissend gewesen war. Ich hatte über Dinge gesprochen, die ich nicht verstanden hatte. Und ich bekannte dem Herrn, daß ich nichts weiter als eine Menge Unsinn gepredigt hatte. Ich sagte zu meiner Frau: "Es ist ein Wunder, daß die Diakone mich nicht von der Kanzel geworfen haben, denn ich hatte so wenig Einsicht in biblische Dinge gehabt." In den nächsten sechs Monaten lernte ich mehr aus der Bibel als in den ganzen 14 Jahren meines Dienstes als Pastor und in den mehr als 16 Jahren meines christlichen Lebens.

Ich schlage dir vor, daß du dies für dich selbst ebenfalls anwendest. Es ist allerdings nicht möglich, es mit einer "Ich probier's mal aus"-Einstellung zu tun. Aber wenn du wirklich daran festhältst, wird sich das Wort für dich genauso erfüllen.

Ich betete diese Gebete für eine Verwandte, die bestimmte Wahrheiten der Bibel, wie zum Beispiel göttliche Heilung, nicht erkennen konnte. Als ich betete, setzte ich ihren Namen ein, genauso wie ich meinen eigenen Namen eingesetzt hatte. Innerhalb von zehn Tagen schrieb sie mir einen Brief und teilte mir mit, es sei erstaunlich, wie sich ihr diese Dinge eröffnet hätten.

Man fragt sich oft, wie man am besten für Gläubige beten soll. Wenn du anfängst, diese Gebete für sie zu beten, werden sich die Ergebnisse in ihrem Leben einstellen.

Die Autorität des Gläubigen

Der Epheserbrief belehrt uns über die Autorität, die dem Gläubigen gegeben ist. Eph. 6,12: *"Denn unser Kampf richtet sich nicht wider Fleisch und Blut, sondern wider die Herrschaften, wider die Gewalten, wider die Weltbeherrscher dieser Finsternis, wider die geistlichen (Mächte) der Bosheit in den himmlischen [Regionen]."* Aber Dank sei Gott, daß wir durch Jesus Christus Autorität über sie haben.

Sicherlich gibt es nur wenige Bereiche des christlichen Lebens, über die so verschwommene Vorstellungen herrschen wie gerade hier. Geistliche Autorität gehört nicht nur einigen Auserwählten. Sie ist der wahre Besitz jedes von neuem geborenen Christen. Eph. 1,3: *"Gepriesen sei der Gott und Vater unsres Herrn Jesus Christus, der uns mit jedem geistlichen Segen gesegnet hat in den himmlischen [Regionen] durch Christus."* Er spricht hier vom ganzen Leib Christi und nicht nur von wenigen Auserwählten.

In diesem Vers heißt es: "mit jedem geistlichen Segen". Die "American Revised Version" lautet: "mit allem geistlichen Segen". Das bedeutet, daß uns jeder Segen schon gegeben worden ist. Christus hat schon jede Vorsorge getroffen. Es gibt nichts, was Er nicht schon getan hätte. In Christus gehört uns jede geistliche Segnung.

Das ist unsere Verheißung. Aber wenn wir dies nicht wissen, können wir auch nicht davon profitieren. Zum Beispiel: Ein Mann steckt einen 20-Dollar-Schein in das Geheimfach seiner Brieftasche. Eines Tages ist sein Benzintank leer, und er merkt, daß er auch kein Geld bei sich hat. Da er vergessen hat, daß er 20 Dollar in dem Geheimfach hat, ruft er jemanden an, damit ihm geholfen wird. Er hätte sich jedoch selbst Benzin kaufen können, wenn er sich an die 20 Dollar erinnert hätte.

Vor einiger Zeit steckte ich 50 Dollar in das hinterste Fach meiner Brieftasche und vergaß es. Als ich Geld brauchte, schaute ich in diesem Fach nach und fand das Geld. Zuerst dachte ich, daß Gott vielleicht diesen Geldschein in meine Brieftasche getan hätte. Dann erinnerte ich mich! Ich hatte das Geld ja nicht ausgeben können, solange ich nicht wußte, daß es da war; aber jetzt, da ich es gefunden hatte, konnte ich es benutzen. Es war die ganze Zeit mein Eigentum gewesen. Es war genauso mein Eigentum gewesen, als ich nicht wußte, daß es dort war, wie jetzt, da ich es wußte. Autorität gehört uns, ob wir es wissen oder nicht.

Ebenso kannst du zwar wissen, was dir gehört, aber nicht danach handeln, und dann wirst du auch nicht davon profitieren. Vor einigen Jahren las ich von einem Mann in Chicago, der in seinem Zimmer, einem kleinen, schäbigen Raum, den er für zehn Dollar die Woche gemietet hatte, tot aufgefunden wurde. Zwanzig Jahre lang hatte man ihn täglich auf den Straßen gesehen. Er war in Lumpen gekleidet und aß aus Abfalleimern. Als er zwei oder drei Tage lang nicht mehr gesehen wurde, fingen seine Nachbarn an, nach ihm zu suchen, und fanden ihn tot in seinem Bett. Die Autopsie zeigte, daß er an Unterernährung gestorben war. Man fand aber einen Geldgürtel unter seiner Kleidung, der über 23000 Dollar enthielt.

Dieser Mann hatte in äußerster Armut gelebt und mit Zeitungen gehandelt, um seinen Lebensunterhalt zu verdienen. Aber er besaß Geld. Er hätte im besten Hotel der Stadt leben können, statt in diesem kleinen, heruntergekommenen Zimmer. Er hätte das beste Essen haben können, statt des Abfalls. Aber er benutzte nicht das, was ihm gehörte.

Wir müssen wissen, was uns gehört. Aber es nur zu wissen, genügt nicht. Nur wenn man nach dem, was man weiß, auch handelt, erhält man Resultate. Die Autorität, die uns gehört, steht nicht nur einigen

Auserwählten zur Verfügung. Sie gehört allen Kindern Gottes. Wir empfangen diese Autorität, wenn wir von neuem geboren werden. Wenn wir zu neuen Geschöpfen in Christus Jesus werden, erben wir den Namen des Herrn Jesus Christus, und wir können diesen Namen im Gebet gegen den Feind einsetzen.

Manche Leute denken, daß die Autorität über den Teufel nur wenigen Menschen zusteht, denen Gott besondere Vollmacht gegeben hat. In Wirklichkeit aber möchte der Teufel nicht, daß wir herausfinden, was uns gehört. Er versucht alles zu tun, was in seiner Macht steht, um die Erkenntnis der Wahrheit zu verdunkeln. Er weiß, daß er uns nicht länger unterdrücken kann, wenn wir unsere geistliche Autorität in Christus Jesus entdecken, denn dann ist seine Macht über uns gebrochen.

Der Teufel möchte also nicht, daß Christen ihre Autorität einsetzen. Er möchte uns weiterhin besiegen und uns einen Tiefschlag nach dem anderen versetzen. Er weiß, wenn ein Christ die Wahrheit herausfindet, kann er nicht länger durch den Feind beherrscht werden. Der Gläubige wird dann den Teufel beherrschen und sich der Realität erfreuen, die rechtmäßig ihm gehört. Deshalb wird der Teufel tun, was er kann, um die Menschen davon abzuhalten, die Wahrheit zu erkennen. Jesus sagte: *"Und ihr werdet die Wahrheit erkennen, und die Wahrheit wird euch frei machen"* (Joh. 8,32).

Kapitel 2

Geistliche Autorität bedeutet Vollmacht

Das griechische Wort, das im Neuen Testament mit 'Gewalt' übersetzt wird, bedeutet in ersten Linie 'Vollmacht'.

Was ist der Unterschied zwischen Gewalt und Vollmacht? Die Übersetzer des Neuen Testamentes haben viele Wörter übereinstimmend wiedergegeben. Bei manchen Wörtern gab es allerdings keine Übereinstimmung, wie zum Beispiel bei 'Gewalt' und 'Vollmacht'. Wir finden ein solches Beispiel in Luk. 10,19: *"Siehe, ich gebe euch die Gewalt, auf Schlangen und Skorpione zu treten, und über die ganze Kraft des Feindes, und nichts soll euch irgendwie beschädigen"* (Elberfelder). Eigentlich sagte Jesus: "Ich habe euch die *Vollmacht* gegeben, auf Schlangen und Skorpione zu treten, und über die ganze Kraft des Feindes." In dieser Schriftstelle ist mit dem Wort 'Gewalt' eigentlich 'Vollmacht' gemeint.

Was bedeutet Vollmacht? In der Hauptverkehrszeit, wenn die Straßen durch viele Autos verstopft sind, sehen wir, wie Polizisten den Verkehr regeln. Der Polizist erhebt nur seine Hand, und die Autos halten an. Dieser Mann hat nicht die Kraft, Autos anzuhalten. Was könnte ein einzelner Mann ausrichten? Es wäre ihm nicht möglich, diese starken Maschinen aufzuhalten, wenn sie einfach weiterfahren würden. Er hat nicht die Kraft dazu. Selbst seine größten Kraftanstrengungen könnten die fahrenden Autos nicht aufhalten. Er ist jedoch mit der Vollmacht ausgestattet, die ihm von der Regierung, der er dient, übertragen wurde. Der ganze Verkehr und auch Fremde, die in der Stadt sind, erkennen diese Vollmacht an und gehorchen ihr. *Vollmacht ist übertragene Gewalt. Geistliche Autorität bedeutet: von Gott übertragene Gewalt.*

Eph. 6,10: "Im übrigen, meine Brüder, erstarket im Herrn und in der Macht seiner Stärke." Viele Leute lesen das und denken, daß der Herr ihnen sagt, daß sie in sich selbst stark sein sollen. Also versuchen sie, stark zu sein. Sie versuchen mit aller Kraft festzuhalten und durchzuhalten. Aber die Schrift sagt nicht, daß wir in uns selbst stark sein sollen. Sie sagt: *"Seid stark in dem Herrn"* (Elberfelder).

Was würdest du denken, wenn du einen Polizisten sehen würdest, der versucht, aus eigener Kraft ein Auto aufzuhalten? Er kann es nicht, weil er dem Auto nicht gewachsen ist. Paulus sagte: *"Seid stark in dem Herrn und in der Macht seiner Stärke."* Der Polizist setzt nicht seine eigene Kraft ein. Er ist stark in der Vollmacht, die ihm übertragen ist. Du kannst dich vor den Teufel stellen, deine Hand hochhalten und ihm gebieten, nicht einen Schritt näher zu kommen. Mache Gebrauch von deiner Autorität.

Als Smith Wigglesworth einmal auf eine Straßenbahn wartete, sah er, wie eine Frau aus einem Haus herauskam. Ihr Hund lief hinter ihr her. Sie sagte dem Hund, daß er nicht mitgehen könnte, aber er schmiegte sich einfach liebevoll an ihre Beine. Sie sagte: "Liebling, du mußt zurückgehen, ich kann dich nicht mitnehmen." Der Hund schmiegte sich nur noch mehr an sie. Die Frau stampfte mit dem Fuß auf und schrie den Hund an: "Geh zurück", und der Hund lief zurück. Wigglesworth sagte, daß wir den Teufel genauso behandeln müssen.

Als ich 1942 Pastor einer Gemeinde im Osten von Texas war, hatte ich einen Kampf in meinem Körper auszufechten, über den ich scheinbar keinen Sieg erringen konnte. Ich erzählte niemandem etwas davon. Ich sagte es nur dem Herrn. Ich glaubte, daß Er mich heilen würde, und ich hielt standhaft an meinem Glauben fest.

Nachts traten einige kritische Momente auf, in denen ich dachte, daß ich es nicht schaffen würde. Zu diesen Zeiten stand ich auf und betete. Ich kämpfte diesen Kampf etwa sechs Wochen lang. Eines Nachts hatte ich besondere Schwierigkeiten einzuschlafen, deshalb betete ich. Schließlich schlief ich doch ein und träumte. Der Traum war vom Herrn.

In diesem Traum schien es mir, als ob ein anderer Mann und ich auf einer Art Exerzierplatz oder Spielfeld spazierengingen. Auf beiden Seiten waren Verkaufsstände aufgebaut. Wir gingen spazieren und sprachen miteinander, als der Mann plötzlich hinter sich schaute und anfing davonzurennen. Ich drehte mich um und sah zwei Löwen – zwei wilde Bestien. Ich fing ebenfalls an zu laufen. Nach einer Weile blieb ich stehen und rief ihm zu, daß wir es nicht schaffen würden, den Löwen zu entkommen. Wir waren zu weit von jeder Zuflucht entfernt.

Ich blieb bewegungslos stehen, drehte mich um und schaute die beiden Löwen an. Ich zitterte. Ich sagte ihnen, daß ich mich ihnen in Christi Namen entgegenstellen und mich nicht von der Stelle rühren würde. Die beiden brüllenden Löwen liefen weiter auf mich zu. Auf einmal blieben sie stehen, schauten mich an, schnüffelten herum, und schließlich liefen sie davon. In diesem Moment wachte ich auf, und folgende Schriftstelle kam mir in den Sinn: *"Seid nüchtern und wachet! Euer Widersacher, der Teufel, geht umher wie ein brüllender Löwe und sucht, wen er verschlingen könne; dem widerstehet, fest im Glauben, da ihr wisset, daß eure Brüder in der Welt die gleichen Leiden erdulden..."* (1. Petr. 5,8–9).

Ich hatte diesen Kampf lange Zeit gekämpft, aber in dem Augenblick hatte ich gewonnen. Ich war standhaft geblieben. Träume wie diese sind kein Zufall; sie sind vom Herrn.

"Im übrigen, meine Brüder, erstarket im Herrn und in der Macht seiner Stärke" (Eph. 6,10). Laßt uns diese Vollmacht benutzen und daran denken, daß Vollmacht übertragene Gewalt ist. Ihr Wert hängt von der Kraft ab, die hinter ihr steht.

Der ehemalige britische Premierminister W.I. Gladstone brachte einmal eine wichtige Verfügung, die zum Gesetz erklärt werden sollte, zu Königin Victoria, um sie von ihr unterzeichnen zu lassen. Die Königin hatte etwas dagegen einzuwenden, und nach einigen Diskussionen weigerte sie sich, die Verfügung zu unterschreiben. Der Premier war ungewöhnlich hartnäckig in dieser Angelegenheit. Er sagte: "Eure Majestät, Sie müssen die Gesetzesvorlage unterschreiben."

Sie wandte sich stolz von ihm ab und sagte: "Mein Herr, ich bin die Königin von England."

Er antwortete ruhig, aber bestimmt: "Eure Majestät, ich bin das Volk von England."

Daraufhin überlegte sie sich ihre Stellungnahme nochmals und unterzeichnete die Gesetzesvorlage.

Jesus sagte: "Ich gebe euch die Gewalt, auf Schlangen und Skorpione zu treten, und über die ganze Kraft des Feindes." Oder: "Ich gebe euch die Vollmacht." Er, Gott selbst, ist die Kraft, die hinter dieser Vollmacht steht. Der Gläubige, der sich der göttlichen Kraft, die hinter ihm steht, und seiner eigenen Vollmacht vollkommen bewußt ist, kann dem Feind ohne Angst oder Zögern entgegentreten. Die Kraft, die hinter der Vollmacht des Gläubigen steht, ist größer als die Kraft unserer Feinde. Unsere Feinde sind gezwungen, diese Autorität anzuerkennen.

1. Joh. 4,4: *"Kindlein, ihr seid aus Gott und habt jene überwunden, weil der in euch größer ist als der in der Welt."* Der, der in der Welt ist, ist der Gott dieser Welt. Satan ist das Haupt der Fürstentümer, der Gewalten und der Weltbeherrscher der Finsternis dieser Welt. Aber "größer ist Er, der in dir ist, als der, der in der Welt ist."

Hinter der Vollmacht des Gläubigen steht eine Kraft, die größer ist als die Kraft, die hinter unseren Feinden steht. Der Geist sagt: "Die Gewalt auf Erden, die im Namen Christi liegt, gehört der Gemeinde.

Jesus errang die Gewalt, als Er den Feind besiegte. Deshalb übe diese Autorität aus, denn sie gehört dir auf der Erde, und du sollst in diesem Leben durch Christus Jesus herrschen."

Matth. 28,18: *"Und Jesus trat herzu, redete mit ihnen und sprach: Mir ist alle Gewalt gegeben im Himmel und auf Erden."* Hier ist wieder das griechische Wort, das mit 'Vollmacht' übersetzt werden kann: *"Alle* ***Vollmacht*** *ist Mir gegeben im Himmel und auf Erden."*

Christus übergab diese Vollmacht der Gemeinde. Er fuhr auf in die Höhe, Er ist das Haupt der Gemeinde, und wir sind der Leib. Die geistliche Autorität muß durch den Leib, der auf der Erde ist, weiter ausgeübt werden.

Eph. 1,22: *"Und wobei er alles unter seine Füße tat und ihn zum Haupt über alles der Gemeinde gab."*

Eph. 1,20: *"Welche er wirksam gemacht hat in Christus, als er ihn von den Toten auferweckte und ihn zu seiner Rechten setzte in den himmlischen [Regionen]."*

Eph. 2,5–6: *"Auch uns, die wir tot waren durch die Sünden, (hat er) samt Christus lebendig gemacht – aus Gnaden seid ihr errettet – und hat uns mitauferweckt und mitversetzt in die himmlischen [Regionen] in Christus Jesus."*

Dies ist nicht etwas, was Er tun wird. Er hat es schon getan. Jesus sitzt zur Rechten des Vaters, das ist der Platz der Autorität, und wir sitzen dort mit Ihm. Wir sind mit Ihm gestorben und mit Ihm auferstanden.

Kapitel 3

»An uns, die wir glauben«

Wir lesen weiter im Brief an die Epheser: *"Auch euch, die ihr tot waret durch eure Übertretungen und Sünden, in welchen ihr einst wandeltet nach dem Lauf dieser Welt, nach dem Fürsten, der in der Luft herrscht, dem Geiste, der jetzt in den Kindern des Unglaubens wirkt, unter welchen auch wir alle einst einhergingen in den Lüsten unsres Fleisches, indem wir den Willen des Fleisches und der Gedanken taten; und wir waren Kinder des Zorns von Natur, gleichwie die andern. Gott aber, der da reich ist an Erbarmen, hat durch seine große Liebe, womit er uns liebte, auch uns, die wir tot waren durch die Sünden, samt Christus lebendig gemacht – aus Gnaden seid ihr gerettet – und hat uns mitauferweckt und mitversetzt in die himmlischen [Regionen] in Christus Jesus, auf daß er in den darauffolgenden Zeiten den überschwenglichen Reichtum seiner Gnade erzeigte durch Güte gegen uns in Christus Jesus"* (Eph. 2,1–7).

Beachte besonders die Worte im 19. Vers des ersten Kapitels: *"welches auch die überwältigende Größe seiner Macht sei an uns, die wir glauben."* In anderen Worten: Um Jesus von den Toten aufzuwecken, mußte die ganze Allmacht der göttlichen Kraft aufgeboten werden. Dies ist das mächtigste Werk, das Gott je vollbracht hat. Die ungeheueren Gewalten der Luft widersetzten sich der Auferstehung. Alle Fürstentümer, Gewalten und Weltbeherrscher und jeder Name, der in dieser Welt und in den zukünftigen Zeitaltern genannt ist, versuchten den Plan Gottes zu Fall zu bringen. Aber Christus ist auferstanden, in den Himmel aufgefahren und sitzt zur Rechten des Vaters. Die Mächte Satans wurden durch unseren Herrn Jesus Christus getäuscht und gestürzt. Er wurde weit über sie auf den Thron gesetzt und regiert mit der Autorität des Allerhöchsten.

Diese Autorität beruht auf der Auferstehung und Inthronisierung Christi durch Gott. Beachte, daß Er von der überschwenglichen Größe Seiner Kraft spricht, die "an uns, die wir glauben", wirksam wird. Er sagt dies, damit die Augen der Gemeinde geöffnet sein mögen –

nicht nur die Augen der Gemeinde in Ephesus, sondern auch die Augen der ganzen Gemeinde Christi.

Gott will, daß wir erkennen, was geschehen ist. Er möchte, daß wir wissen, daß Er Christus *"hoch über jedes Fürstentum und (jede) Gewalt, Macht und Herrschaft..."* (Eph 1,21) gesetzt hat. Diese Tatsache wird von vielen übersehen. Der Geist Gottes betete durch Paulus, damit die Gemeinde in Ephesus dies erkennen möge. Aber Gott sehnt Sich danach, daß auch wir Weisheit und Offenbarung empfangen. Das Kreuz Christi offenbart uns den Gehorsam Gott gegenüber. Er zeigt uns das Sühneopfer für die Sünde und die zermalmende Vernichtung der Feinde durch einen stellvertretenden Menschen, denn Christus war unser Stellvertreter. Er war ein Stellvertreter, der für die Menschheit überwand. Er bereitete einen Thron und einen himmlischen Dienst vor für jene, die durch Ihn überwinden würden.

Beachte jetzt in diesem Zusammenhang die Identifizierung der Gemeinde Christi mit Ihm selbst in der Auferstehung. Im ersten Vers des zweiten Kapitels lesen wir: *"auch euch, die ihr tot waret, durch eure Übertretungen und Sünden."* Vielleicht läßt es sich auf folgende Weise noch besser ausdrücken: "Auch euch, *als* ihr tot waret durch eure Übertretungen und Sünden." Ich möchte dies so klar herausstellen, da das Verb, auf das sich diese Passage bezieht, im 20. Vers des ersten Kapitels steht. In den Versen 19 und 20 heißt es: *"welches auch die überwältigende Größe seiner Macht sei an uns, die wir glauben, vermöge der Wirksamkeit der Macht seiner Stärke, welche er wirksam gemacht hat in Christus, als er ihn aus den Toten auferweckte und ihn zu seiner Rechten setzte in den himmlischen [Regionen]."*

Er sagt also: "Nach der Wirksamkeit der Macht Seiner Stärke, mit der Er gewirkt hat in Christus, indem Er Ihn aus den Toten auferweckte, und auch euch, die ihr tot waret." Der gleiche Vers, der die Auferstehung Christi ausdrückt, spricht von der Auferstehung Seines Volkes. In anderen Worten: die Tat Gottes, die Christus von den Toten auferweckte, erweckte gleichzeitig Seinen Leib zum Leben. Von Gottes Standpunkt aus wurden wir von den Toten auferweckt, als Jesus von den Toten auferweckt wurde.

Wir lesen weiter im zweiten Kapitel: *"auch uns, die wir tot waren durch die Sünden, (hat er) samt Christus lebendig gemacht... und hat uns mitauferweckt und mitversetzt in die himmlischen (Regionen) in Christus Jesus"* (Eph. 2,5–6). Diese Schriftstelle berichtet von der Autoritätsübergabe. Beachte, daß das Haupt und der Körper natürlich gemeinsam auferweckt werden. Christus ist das Haupt, und die Gemeinde ist der Leib. Er hat uns berufen, mit Ihm zur Rechten des Vaters zu sitzen. Die Autorität ist nicht nur dem Haupt übertragen, sondern auch dem Leib, weil das Haupt und der Leib eins sind. Dein

Haupt und dein Leib sind eins. Wenn du an eine Person denkst, dann denkst du an ihren Kopf und an ihren Körper. Wenn wir, die Gemeinde, die Offenbarung der Tatsache begreifen können, daß wir Christus sind, dann werden wir aufstehen und die Werke Christi tun. Wir haben sie bis jetzt nur in begrenzter Weise getan. Wenn wir erkennen, daß die Autorität, die Christus gehört, auch jedem einzelnen Mitglied Seines Leibes gehört und ihm zusteht, dann wird unser Leben vollkommen verändert werden.

1. Kor. 12,12: *"Denn gleichwie der Leib einer ist und doch viele Glieder hat, alle Glieder des Leibes aber, wiewohl ihrer viele sind, doch nur einen Leib bilden, also auch Christus."* Wir sind Christus. Er nennt den Leib, welcher die Gemeinde ist, Christus. In den Versen 13 und 14 heißt es: *"Denn wir wurden alle in einem Geist zu einem Leibe getauft, seien wir Juden oder Griechen, Knechte oder Freie, und wurden alle mit einem Geist getränkt. Denn auch der Leib ist nicht ein Glied, sondern viele."* Vers 27: *"Ihr aber seid Christi Leib und jedes in seinem Teil Glieder."* Dank sei Gott, daß wir der Leib Christi sind!

2. Kor. 6,14–15: *"Ziehet nicht am gleichen Joch mit Ungläubigen! Denn was haben Gerechtigkeit und Gesetzlosigkeit miteinander zu schaffen? Was hat das Licht für Gemeinschaft mit der Finsternis? Wie stimmt Christus mit Belial überein? Oder was hat der Gläubige gemeinsam mit dem Ungläubigen?"* Der Gläubige wird Gerechtigkeit genannt und der Ungläubige Gesetzlosigkeit. Der Gläubige wird Licht genannt und der Ungläubige Finsternis. Der Gläubige wird Christus genannt und der Ungläubige Belial.

1. Kor. 6,17: *"Wer aber dem Herrn anhängt, ist ein Geist mit ihm."* Wir sind eins mit Christus. Wir sitzen zur Rechten der Majestät in der Höhe. Wir sitzen mit Ihm in himmlischen Regionen. Alle Dinge wurden unter unsere Füße gelegt.

Den meisten von uns wurde zu viel "Kreuzesreligion" gepredigt. Deshalb glauben wir, daß wir am Kreuz bleiben müssen. Das Kreuz ist jedoch der Ort der Niederlage. Die Auferstehung ist der Ort des Triumphes. Wir müssen natürlich zuerst zum Kreuz kommen, aber laßt uns dort nicht stehenbleiben. Laßt uns weitergehen zu Pfingsten und dann zur Himmelfahrt. Manche Pfingstler, die den Heiligen Geist empfangen haben, gingen wieder zum Kreuz zurück und sind seitdem dort geblieben. Der Geist sagt: "Jetzt, jetzt, Mein Volk, höret Meinem Wort zu, und ihr sollt befreit werden aus der Gebundenheit des Todes und sollt in dem neuen Leben wandeln." Wir sind nicht mehr am Kreuz. Wir sind mit Ihm gestorben, aber wir sind mit Ihm auferweckt worden. Wir sitzen gemeinsam mit Ihm zur Rechten des Vaters. Aber wir wissen kaum etwas darüber.

Zur Rechten des Thrones ist das Zentrum der Macht des ganzen

Universums. Dem auffahrenden Herrn wurde die Ausübung der Macht des Thrones übertragen. Diese Autorität gehört uns. Wir wissen, daß Christus mit Seinem auferstandenen physischen Leib dort ist und im Vollbesitz Seiner Rechte auf die Zeit des Vaters wartet, wenn Seine Feinde zu Seinem Fußschemel gemacht werden. Hebr. 1,13: *"Zu welchem von den Engeln aber hat er jemals gesagt: »Setze dich zu meiner Rechten, bis ich deine Feinde hinlege als Schemel deiner Füße«?"*

Wir sind Sein Volk, und die Erhöhung Seines Volkes mit Ihm in die himmlischen Regionen hat keine andere Bedeutung als die, daß wir Seine Autorität mit Ihm teilen. Wir wurden mit Ihm dorthin gesetzt, und wir teilen Seinen Thron. Einen Thron zu teilen bedeutet ohne Frage, daß wir an der Autorität teilhaben, die dieser Thron repräsentiert. Dank sei Gott, daß wir nach Seinem Plan zu diesem Ort erhoben wurden, damit wir nach dem Maß unserer geistlichen Erkenntnis Autorität über die Gewalten der Luft ausüben können. Einige von uns haben etwas mehr in Vollmacht gehandelt als andere, da sie ein wenig mehr Erkenntnis erlangt haben. Aber Gott möchte, daß wir alle diese geistliche Einsicht haben. Der Geist betete durch Paulus, daß wir alle Weisheit und Erkenntnis haben mögen, damit wir Vollmacht über die Gewalten der Luft ausüben und über die Zustände, welche diese Mächte immer noch schaffen durch ihre unaufhörliche Manipulation des menschlichen Verstandes.

P.C. Nelson sagte einmal, als er über den Dienst von John Alexander Dowie sprach, daß man zwar Dowies Lehrmeinungen nicht folgen könnte, aber man könnte seinem Glauben folgen. Man kann sich in seinem Verstand irren, aber in seinem Herzen recht haben. In der Gegenwart von sechs konfessionellen Pastoren und drei Ärzten sah P.C. Nelson, wie Dowie das Krebsgeschwür am Gesicht eines Patienten ergriff und sagte: "Im Namen des Herrn Jesus Christus!" und es vom Gesicht des Mannes abzog. Die Ärzte untersuchten den Mann und stellten fest, daß seine Gesichtshaut wie die Haut eines neugeborenen Babys war. Bruder Nelson sagte: "Es soll mir niemand erzählen, daß man dem Glauben eines solchen Mannes nicht folgen kann."

Dowie war in Schottland geboren und an der Universität von Edinburgh ausgebildet worden. Er war Rechtsanwalt und wurde später Prediger. Er überquerte den Ozean 14 mal, und sehr oft kamen große Stürme auf. Aber er sagte, daß er jedesmal, wenn ein Sturm aufkam, so handelte wie Jesus: er bedrohte den Sturm, und der Sturm legte sich. Wir sollten nicht erstaunt sein, wenn wir so etwas hören, denn Jesus sagte: *"wer an mich glaubt, der wird die Werke auch tun, die ich tue, und wird größere als diese tun, weil ich zu meinem Vater gehe"* (Joh. 14,12). Jemand fragte, was denn diese größeren Werke seien. Nun, laßt uns zuerst die Werke tun, die Er tat, und dann können wir über die größeren Werke nachdenken.

Jesus sagte nicht, daß nur wenige Auserwählte diese Werke tun werden. Er sprach von denen, die an Ihn glauben. Wir haben Autorität, weil wir Christen sind. Diese Autorität steht uns zur Verfügung, da wir mit Ihm in himmlischen Regionen sitzen. Deshalb tat Dowie genau dasselbe, was Jesus getan hatte, als ein Sturm aufkam.

Als ich vor vielen Jahren gelähmt im Bett lag, kam ein großer Sturm auf. Die meisten Leute waren in den Sturmbunker gegangen, aber ich konnte nicht aufstehen. Mein Zimmer lag auf jener Seite des Hauses, von der der Sturm kam, und ich hatte Angst, daß das Haus über mir zusammenbrechen würde. In meiner Verzweiflung rief ich: "Lieber Herr, ich bin Dein Kind. Als die Jünger auf dem See waren und ein Sturm aufkam, weckten sie Dich auf, und Du bedrohtest den Sturm, und der Sturm legte sich. Du möchtest nicht, daß ich umkomme. Ich kann hier nicht heraus, und es sieht so aus, als ob die Mauer über mir zusammenbrechen wird. Ich bedrohe diesen Sturm jetzt in Jesu Namen." – Fast augenblicklich hörte der Sturm auf.

Kapitel 4

Widerstände in der geistlichen Welt

Eph. 6,12: *"Denn unser Kampf richtet sich nicht wider Fleisch und Blut, sondern wider die Herrschaften, wider die Gewalten, wider die Weltbeherrscher dieser Finsternis, wider die geistlichen (Mächte) der Bosheit in den himmlischen [Regionen]."* Das Wort Gottes lehrt uns, daß diese bösen Geister auf betrügerische Weise in den Besitz der Herrschaft gelangten, und daß sie durch Jesus Christus von ihrem Thron geworfen wurden. Jesus entthronte sie, und jetzt können wir über sie herrschen.

Satan wurde der Gott dieser Welt, als Adam Hochverrat beging und ihm dadurch alles übereignete. Gott schuf die Erde und was sie erfüllt und gab Adam die Herrschaft über das ganze Werk Seiner Hände. In anderen Worten: Adam war der Gott dieser Welt. Aber er beging Hochverrat und übergab alles Satan. Satan wurde durch Adam zum Gott dieser Welt.

Obwohl Satan der Gott dieser Welt genannt wird, spricht die Bibel über einen zweiten Adam, Christus, der unser Stellvertreter wurde. Alles, was Jesus tat, war für uns. Die meisten gläubigen Menschen sind der Meinung, daß wir irgendwann während der tausendjährigen Regierung Christi in dieser Autoritätsstellung sein werden. Aber wenn dem so ist, warum sagt uns dann die Bibel, daß Satan zu dieser Zeit gebunden sein wird? Es wird dann nicht mehr notwendig sein, Autorität über ihn auszuüben. Es werden keine zerstörerischen Mächte mehr da sein. Viel zu oft verschieben wir alles in die Zukunft. Manche Leute glauben, daß wir jetzt nicht all zu viel beanspruchen können. Sie denken, daß Satan ja alles unter seiner Kontrolle hat. Wir müssen uns jedoch daran erinnern, daß wir zwar in der Welt, aber nicht von der Welt sind. Er hat uns nicht unter Kontrolle. Er herrscht nicht über uns. Wir können über ihn herrschen. Wir haben Autorität über ihn.

Wir müssen diese Wahrheiten in unser Leben "hineinbauen". Im natürlichen Bereich zum Beispiel nehmen wir jeden Tag Nahrung zu uns, weil die Ärzte sagen, daß wir täglich bestimmte Vitamine, Minerale und Proteine brauchen, um unseren Körper stark zu erhalten. Ebenso gibt es auch geistliche Nahrung, die wir jeden Tag zu uns nehmen müssen, um gesunde Christen zu sein.

Jesus sagte in Matth. 28,18: *"Mir ist gegeben alle Gewalt im Himmel und auf Erden."* Wir haben gebetet: "Herr, tue dies; Herr, tue das..." Aber die Autorität auf der Erde ist uns übergeben worden. Jegliche Autorität, die auf der Erde ausgeübt werden kann, muß durch die Gemeinde ausgeübt werden, weil Christus nicht hier ist. Er sitzt zur Rechten des Vaters; aber wir, der Leib Christi, sind hier. Alle Seine Befehle müssen durch Seinen Leib ausgeführt werden. Die Autorität auf der Erde wurde uns übergeben. Viele Probleme existieren, weil wir sie zulassen – weil wir nichts dagegen unternehmen.

Als ich vor etwa 25 Jahren das Wort gemäß dieser Richtlinien studierte, wurde dies für mich zur Wirklichkeit. Ich konnte es mit meinem Verstand nicht erklären, aber ich begriff es in meinem Herzen. Ich fing an, unsere Autorität zu erkennen, und ich hörte, wie der Herr mich herausforderte: "Tu *du* etwas in dieser Angelegenheit!"

Ich hatte seit vielen Jahren für die Errettung meines ältesten Bruders gebetet. Er war das schwarze Schaf in meiner Familie. Trotz meiner Gebete schien es, als wenn es immer schlimmer mit ihm würde. Ich hatte immer gebetet: "Gott, errette ihn", aber ich hörte, wie der Herr mich aufforderte, etwas gegen die Mächte der Finsternis zu unternehmen. Er sagte mir, daß ich die Autorität dazu hätte. Deshalb sagte ich: "In Jesu Namen breche ich die Gewalt Satans über dem Leben meines Bruders, und ich fordere seine Erlösung." Ich hatte den Befehl gegeben. Wenn ein König einen Befehl gibt, weiß er, daß dieser Befehl ausgeführt wird. Der Teufel versuchte mir einzureden, daß mein Bruder niemals gerettet werden würde. Aber ich lachte nur und forderte seine Erlösung. Bald darauf schrieb mir meine Frau und teilte mir mit, daß mein Bruder errettet worden sei. Ich schrieb zurück und sagte ihr, daß ich es schon seit über einer Woche gewußt hätte. Ich sagte ihr, daß ich die Macht Satans über seinem Leben gebrochen hatte.

Vor etwa 35 Jahren, als ich Pastor einer kleinen Gemeinde in Texas war, brachte eine Frau ihre geistesgestörte Schwester mit. Der Herr sagte mir, daß ich direkt zu der Schwester sagen sollte: "Komm jetzt aus ihr heraus, du unreiner Geist, im Namen Jesu." Ich tat es, aber es sah so aus, als ob nichts geschehen wäre. Zwei Tage später wurde mir mitgeteilt, daß die Frau, für die ich gebetet hatte, einen schweren Anfall erlitten hatte, so wie damals, als sie zum ersten Mal ihren Verstand verloren hatte. Diese Nachricht beunruhigte mich nicht. Denn es steht in der Bibel, daß die Menschen zu Boden fielen und vom Teufel hin und her gerissen wurden, wenn Jesus den Teufel bedrohte. Ich sagte dieser Frau, daß der Teufel ihre Schwester nur hin und her warf, bevor er sie für immer verlassen würde, und daß ihre Schwester nie wieder irgendwelche Anfälle haben würde. Genauso traf es auch ein.

Viele Leute versuchen diese Autorität einzusetzen. Aber wenn die Umstände sich nicht sofort ändern, werden sie beunruhigt und gehen wieder zurück in den natürlichen Bereich. Sie bekennen Unglauben, und dadurch besiegen sie sich selbst. Sie geben dem Teufel Herrschaft über sich.

Bevor ich die Erfüllung mit dem Heiligen Geist empfing, war ich als junger Mann Pastor einer Baptistengemeinde. Es war zur Zeit der großen Wirtschaftskrise, und ich unterstützte meine verwitwete Mutter und meinen kleinen Bruder. Das niedrige Einkommen meiner Mutter reichte aus, um die Nebenkosten, die Steuern und Versicherungen zu bezahlen; von meinem Einkommen kauften wir Lebensmittel.

Ich besaß nur einen Anzug und zwei gute Hosen. Während der Wirtschaftskrise wurde sehr viel gestohlen, und jemand stahl meine beiden Hosen. Sie wurden am Montag gestohlen, und ich sollte am Donnerstag predigen. Deshalb betete ich: "Herr, ich besitze nur noch alte Arbeitshosen, und in denen kann ich nicht predigen." Als ich am Dienstag meine Arbeit verließ, betete ich und sagte dem Herrn, daß ich erwartete, daß meine Hosen bis Donnerstag wieder im Schrank hängen würden. Ich bekannte, daß derjenige, der die Hosen gestohlen hatte, sich deshalb so unglücklich fühlen würde, daß er sie zurückbringen müßte. Ein unrechter Geist veranlaßt Menschen zu stehlen. Ich bedrohte diesen Geist und nicht den Menschen, denn wir haben Autorität über Geister. Ich befahl dem Geist, von seiner Handlung abzulassen. Als ich am Donnerstag nachmittag nach Hause kam, wußte ich, daß meine Hosen wieder da waren. Ich ging deshalb zu meinem Schrank und schaute nach, und sie waren tatsächlich wieder da. Du kannst also sehen, daß wir uns gegen den Teufel erheben können und es auch tun sollen.

Kapitel 5

In geistlicher Autorität leben

In den Gebeten des Paulus für die Gemeinde in Ephesus, die uns im ersten und zweiten Kapitel des Epheserbriefes überliefert sind, gibt es zwei Schlüsselsätze: *"Als er ihn aus den Toten auferweckte und ihn zu seiner Rechten setzte in den himmlischen [Regionen]"* (Eph. 1,20); und: *"hat uns mit auferweckt"* (Eph. 2,6). Von Gottes Standpunkt aus wurden wir auferweckt, als Christus auferweckt wurde. Als Christus Sich niedersetzte, setzten wir uns ebenfalls, und dort befinden wir uns jetzt. Durch den Akt des Niedersetzens wird angezeigt, daß vorläufig zumindest bestimmte Aspekte Seines Werkes ruhen. Aber wir sitzen jetzt zusammen mit Ihm und sind Teilhaber der Vollmacht, die Ihm übergeben worden ist. Wir sind die Ausführenden Seiner Vollmacht, denn durch Ihn gehört sie uns. Wir helfen Ihm, indem wir Sein Werk auf der Erde ausführen. Wir sitzen nicht nur; sondern beachte auch, wo wir sitzen. Der 21. Vers sagt, daß wir *"hoch über jedes Fürstentum und (jede) Gewalt, Macht und Herrschaft..."* gesetzt worden sind.

Eph. 6,12: *"Denn unser Kampf richtet sich nicht wider Fleisch und Blut, sondern wider die Herrschaften, wider die Gewalten, wider die Weltbeherrscher dieser Finsternis, wider die geistlichen (Mächte) der Bosheit in den himmlischen [Regionen]."* Zur Rechten des Vaters über all diesen Gewalten sitzt nicht nur Christus, sondern auch wir, denn "Er hat uns mitversetzt."

Das Wort Gottes sagt uns, daß wir den Teufel überwinden sollen. 1952 erschien mir Christus in einer Vision. Am Ende dieser Vision sah ich, wie ein böser Geist zwischen mich und Jesus trat und etwas wie eine schwarze Wolke zwischen uns brachte, so daß ich Jesus nicht mehr sehen konnte. Dann begann er auf und ab zu springen und mit lauter Stimme zu schreien. Obwohl Jesus mit mir sprach, konnte ich wegen des Lärms nicht mehr verstehen, was Er sagte. Ich konnte nicht begreifen, warum Jesus es zuließ, daß der Teufel so etwas tat. Die Menschen fragen, warum Gott es zuläßt, daß der Teufel solche Dinge tut. Und ich fragte mich, warum Jesus den Teufel nicht bedrohte, damit ich hören könne, was Er zu sagen hatte.

Ich wartete einige Sekunden, aber nichts geschah. Dann sagte ich schließlich zu dem Geist: "Ich befehle dir, unreiner Dämon, im Namen des Herrn Jesus Christus, den Mund zu halten." Als ich das sagte, fiel der Geist zu Boden, und die Wolke verschwand, so daß ich Jesus sehen konnte. Der Dämon benahm sich wie ein Hund, den man geschlagen hatte. Er winselte und weinte und sah mich nicht an. Dann befahl ich ihm, daß er weggehen sollte. Daraufhin rannte er davon. Jesus sagte: "Wenn du es nicht getan hättest, hätte Ich nichts tun können."

Ich erwiderte: "Herr, ich weiß, ich habe Dich nicht richtig verstanden."

Aber Er sagte: "Nein, Ich hätte nichts tun können."

Ich war schockiert und unfähig zu begreifen, warum der Herr sagte, daß Er nichts hätte tun können. Ich sagte Ihm, daß Er es mir durch das Wort Gottes beweisen müßte (– ich wollte mindestens drei Schriftstellen zum Beweis dafür). Jesus lächelte und sagte, daß Er mir vier geben würde. Ich erwiderte Ihm, daß ich so etwas noch nie in der Bibel gelesen hätte. Daraufhin antwortete Er, daß es sehr viel in der Bibel gäbe, über das ich noch nicht Bescheid wüßte. Viele Menschen versuchen, Dinge in ihrem Verstand zu begreifen, aber sie müssen eine Offenbarung darüber empfangen.

Dann sagte Jesus zu mir: "Nirgendwo im Neuen Testament teilt irgend einer der Schreiber der Gemeinde mit, daß sie zu Gott dem Vater beten soll, damit etwas gegen den Teufel unternommen wird." Menschen, die Gott darum bitten, den Teufel zu bedrohen, verschwenden ihre Zeit. Das geringste Mitglied des Leibes Christi hat genauso viel Gewalt über den Teufel wie jeder andere. Wenn die Gläubigen nicht etwas gegen den Teufel unternehmen, wird nichts geschehen.

Als Christus von den Toten auferstanden war, sagte Er, daß alle Gewalt und Vollmacht im Himmel und auf Erden Ihm übergeben worden ist. Er übergab sofort die Vollmacht auf der Erde der Gemeinde: *"Mir ist gegeben alle Gewalt im Himmel und auf Erden"* (Matth. 28,18). – *"Gehet hin in alle Welt und prediget das Evangelium der ganzen Schöpfung! Wer glaubt und getauft wird, soll gerettet werden; wer aber nicht glaubt, der wird verdammt werden. Diese Zeichen aber werden die, welche glauben, begleiten. In meinem Namen werden sie Dämonen austreiben, mit neuen Zungen reden... Kranken werden sie die Hände auflegen, und sie werden sich wohl befinden"* (Mark. 16,15–18). Du betest nicht, daß Jesus Seine Hände auf die Kranken legen wird, sondern du tust es. Wenn du den Kranken die Hände auflegst, übst du Autorität über den Teufel aus.

Jak. 4,7: *"Widerstehet dem Teufel, so flieht er von euch."* Jakobus sagte nicht, daß du zu Gott beten sollst, damit Er für dich dem Teufel widersteht. *Du* sollst dem Teufel widerstehen. Es heißt nicht, daß er von Jesus fliehen wird; es heißt, daß er von dir fliehen wird. Die Vollmacht gehört dir, egal ob du dich vollmächtig fühlst oder nicht. Aber du mußt sie ausüben. Der Polizist, der seine Hand erhebt, um den Verkehr aufzuhalten, fühlt seine Vollmacht vielleicht auch nicht, aber die Vollmacht tritt in Kraft, ob er sie fühlt oder nicht.

Mein Geist sagte mir, daß das Wort 'fliehen' von Bedeutung sei. Ich wußte, was das Wort im allgemeinen bedeutet, aber ich schaute im Lexikon nach und fand die Definition 'in Schrecken davonrennen'. Da erkannte ich, warum der Dämon in meiner Vision angefangen hatte, zu winseln und zu schreien: Er fürchtete sich zu Tode.

Eine andere Schriftstelle ist 1. Petr. 5,8: *"Euer Widersacher, der Teufel, geht umher wie ein brüllender Löwe und sucht, wen er verschlingen könne."* 'Dein Widersacher' bedeutet: dein Gegner; jemand, der gegen dich ist. Satan ist dein Feind. Die meisten Leute lesen nur bis zu dieser Stelle. Sie sagen: "O, der Teufel ist hinter mir her." Sie bitten um Gebet, damit der Teufel ihnen nichts anhaben kann. Nun, der Teufel hat ihnen schon etwas angetan. Wenn du so sprichst, dann hat er dich schon. Du kannst zwar Gebetskarten einreichen, aber du wirst trotzdem unterliegen, wenn du ihm nicht widerstehst. Wir sollten der Tatsache, daß *wir* etwas gegen ihn unternehmen müssen, ruhig ins Auge sehen.

Der nächste Vers lautet: *"Dem widerstehet, fest im Glauben, da ihr wisset, daß eure Brüder in der Welt die gleichen Leiden erdulden."* In einer anderen Übersetzung heißt es: "in eurem Glauben", statt "im Glauben". Petrus sagte uns nicht, daß nur Paulus Teufel austreiben kann, oder daß er für uns dem Teufel widerstehen würde. Jeder Gläubige hat in Christus Jesus die gleiche Autorität wie Paulus.

Die Leute fragen mich immer, warum sie denn nicht jedesmal geheilt werden, wenn sie ein Leiden haben. Sie bitten ihren Pastor um Gebet für Heilung, und wenn nichts geschieht, behaupten sie, daß etwas mit dem Pastor oder den Ältesten nicht in Ordnung sei. Aber ich sage ihnen, daß sie ein geistliches Baby waren, als sie von neuem geboren wurden, und Gott erlaubte anderen, für sie zu beten. Aber nach einiger Zeit erwartet Er, daß das Baby anfängt zu laufen und daß es auf sich selbst aufpaßt. Viele Menschen wollen immer noch geistliche Babys sein. Aber Gott hat sie auf ihre eigenen Füße gestellt und ihnen gesagt, daß sie anfangen müssen zu gehen, aber sie können es nicht.

Als meine Frau und ich einmal während einer Konferenz in dem Haus eines Ehepaares wohnten, baten sie uns, für ihr Baby zu beten, das einen Leistenbruch hatte. Wir beteten, und der Bruch verschwand innerhalb weniger Tage. Die Frau sagte: "Bruder Hagin, je älter wir werden, um so mehr Glauben müßten wir eigentlich für Heilung haben. Aber in unserer Gemeinde sind es hauptsächlich die jüngeren Leute, die den meisten Glauben haben. Ich habe nicht gewußt, wen ich hätte bitten können, für das Baby zu beten, bevor Sie kamen, denn niemand wird hier jemals geheilt."

Ich weiß nicht, ob sie recht hatte, dies war jedenfalls ihre Meinung. In ihrer Gemeinde, wie in vielen anderen, wurden die meisten Leute gerettet, als sie jung waren, und Gott erlaubte vielleicht anderen, daß sie für sie beten konnten. Sie sind jedoch aus Mangel an richtiger Lehre im Säuglingsalter der christlichen Entwicklung stehengeblieben. Sie sagen, daß sie immer geheilt wurden, als sie noch neubekehrte Christen waren, aber daß es jetzt nicht mehr geschieht.

Was passiert mit einem Menschen, der niemals versucht, seinen eigenen Glauben einzusetzen, sondern sich immer auf den Glauben anderer Leute verläßt? Die Bibel sagt: "Euer Widersacher, der Teufel, geht umher wie ein brüllender Löwe und sucht, wen er verschlinge. Dem widerstehet standhaft im Glauben." Du kannst etwas gegen ihn tun. Jesus, Jakobus und Petrus sagen uns, daß wir etwas gegen den Teufel tun sollen. Paulus sagt in Eph. 4,27: *"Gebet auch nicht Raum dem Teufel!"* Gib dem Teufel keinen Raum in dir. Wenn du dem Teufel Raum gibst, kann Jesus nichts tun, weil du die Autorität hast und du dem Teufel Erlaubnis gegeben hast. Wenn du nichts gegen den Teufel unternimmst, kann Jesus dir nicht helfen. In meiner Vision sagte Jesus zu mir, daß Er alles, was Er gegen den Teufel unternehmen kann, schon getan hat. Er sagte, daß Er auferstanden ist und der Gemeinde die Vollmacht übertragen hat. Die Gläubigen sind aus Satans Gewalt errettet worden.

Kol. 1,13: *"Welcher uns errettet hat aus der Gewalt der Finsternis und versetzt in das Reich des Sohnes seiner Liebe."* Er sagte mir, daß nichts mehr gegen den Teufel getan wird bis zu der Zeit, wenn der Engel vom Himmel herunterkommen wird, um Satan für eine Weile im Abgrund zu binden, und er später dann in den Feuersee geworfen wird. Bis der Engel ihn aber in Ketten binden wird, wird der Himmel gegen den Teufel nichts mehr unternehmen.

Deshalb ist es höchste Zeit, daß wir aufwachen, unsere Gebete ändern und ihn vertreiben. Wir haben die Autorität, dies zu tun, denn wir sitzen zur Rechten des Vaters, d.h. weit über Satan. Wenn wir über diese Fürstentümer und Gewalten gesetzt sind, dann haben wir auch Autorität über sie.

Die Schrift sagt uns weiter: *"Und wobei er alles unter seine Füße tat und ihn zum Haupt über alles der Gemeinde gab"* (Eph. 1,22a). Die Füße sind ein Teil des Leibes, nicht des Hauptes. *"Welche sein Leib ist, die Fülle dessen, der alles in allen erfüllt"* (Eph. 1,22b). Wie wundervoll ist es, zu wissen, daß die geringsten Glieder des Leibes unseres Herrn, jene, die die Sohlen Seiner Füße sind, weit über den mächtigen Gewalten stehen, von denen wir gesprochen haben.

Kein Wunder, daß Jesus in Luk. 10,19 sagte: *Siehe, ich habe euch Vollmacht verliehen, auf Schlangen und Skorpione zu treten, und über alle Gewalt des Feindes; und nichts wird euch beschädigen."* Viel zu lange haben wir es zugelassen, daß der Feind uns unterdrückt. Es wird allgemein angenommen, daß der Teufel mächtiger ist als wir und daß er alles beherrscht. Er ist der Gott dieser Welt; wir sind zwar in dieser Welt, aber nicht von dieser Welt. Paulus sagte sehr klar in Röm. 5,17: *"Denn wenn infolge des Sündenfalles des einen der Tod zur Herrschaft kam durch den einen, wieviel mehr werden die, welche den Überfluß der Gnade und der Gabe der Gerechtigkeit empfangen, im Leben herrschen durch den Einen, Jesus Christus!"* Eine andere Übersetzung sagt: "werden im Leben wie Könige herrschen durch den Einen, Jesus Christus..."

Manche Leute singen: "Hier wandere ich wie ein Bettler, durch die Hitze und durch die Kälte" (Ein amerikanisches Kirchenlied). Ich höre mir lieber das Geschrei eines Esels um Mitternacht in einer Blechscheune an, als solchen Liedern zuzuhören. Wir singen sie schon so lange, daß wir glauben, sie seien wahr. Man vergießt einige Tränen darüber, daß man "wandert wie ein Bettler" und denkt, daß man dadurch gesegnet wird. Aber Gottes Plan für dich ist, im Leben zu herrschen und zu regieren – über Umstände, Armut, Krankheit und alles, was dich unterdrückt. Du herrschst, weil du Autorität hast. Du herrschst durch Jesus Christus. Manchmal benehmen wir uns wie junge Spottdrosseln. Wir machen die Augen zu und reißen die Schnäbel weit auf. Jeder kann daherkommen und irgendetwas in unsere Schnäbel stopfen, und wir schlucken es. Wir denken, Demut bedeutet, daß wir arm sein sollen.

Ein Prediger sagte mir einmal, daß ein anderer Prediger sehr demütig sei, weil er ein Auto vom Baujahr 1936 fuhr. Ich sagte: "Das ist keine Demut, das ist Dummheit." Das war die Vorstellung des Predigers von Demut. Ein anderer Mann sagte mir einmal: "Jesus und die Apostel sind niemals in einem Mercedes herumgefahren." Nun, zu dieser Zeit gab es keinen Mercedes. Aber Jesus ritt auf einem Esel, und das war der Mercedes Seiner Zeit. Es war die beste Art der Fortbewegung, die es gab.

Manche Leute lassen sich vom Teufel um jede Segnung bringen, die sie haben könnten. Gott hat es niemals beabsichtigt, daß wir am Bettelstab gehen sollen. Er sagte, daß wir im Leben herrschen sollen. Es ist niemals Sein Wille gewesen, daß der Teufel uns und unsere Familien beherrschen soll. Ich sage ihm, daß ich über meinen Lebensbereich herrsche. Ich widerstehe ihm mit dem Wort, und er rennt davon.

Diejenigen von uns, die dies erkannt haben, müssen denen helfen, die es nicht erkennen, und wir müssen für sie handeln. Als ich vor einigen Jahren im Norden predigte, wurde ich in der Nacht aufgeweckt. Ich fragte den Herrn, was geschehen sei, und fing an, in Zungen zu beten. Auf diese Weise erreichte ich mehr. Dann zeigte der Herr mir, daß es sich um meinen ältesten Bruder handelte. Ich betete weiter in Zungen. Einige Tage später rief mich meine Schwester aus Texas an und sagte mir, daß mein Bruder sich die Wirbelsäule gebrochen hatte. Die Lage war sehr ernst, und sie wußten nicht, ob er es überleben würde. Ich sagte meiner Schwester, daß ich ihn schon "durchgebetet" hatte. Ich sagte ihr, daß der Herr mir mitgeteilt hatte, daß es ihm nicht so schlecht ginge, wie die Ärzte annahmen. Sie rief daraufhin noch einmal im Krankenhaus an, um zu erfahren, wie es ihm ginge, und die Ärzte sagten ihr, daß er zu ihrem Erstaunen aufgestanden sei und mit dem Gipsverband auf dem Rücken herumging. Die Ärzte standen in ungläubigem Staunen dabei und konnten nicht begreifen, was ihn vor dem Tod oder einer vollständigen Lähmung bewahrt hatte.

Mein Bruder zog einige Zeit danach zu uns. Er war wegen Familienschwierigkeiten vom Herrn abgefallen und war verwirrt und verzweifelt. Seine Frau hatte ihn verlassen und die Kinder mitgenommen. Am Sonntag versuchte ich ihn dazu zu bringen, mit in die Gemeinde zu gehen, aber er weigerte sich. Mitten in meiner Predigt hatte ich plötzlich eine Vision: ich sah meinen Bruder im Stadtpark und hörte, wie er sagte, daß er erst seine Frau umbringen würde und dann sich selbst. Ich hörte sofort auf zu predigen, und sagte den Leuten, daß sie sich einen Moment gedulden sollen, da ich etwas in Ordnung bringen müßte. Ich teilte ihnen mit, daß der Teufel im Begriff war, jemanden zu belästigen. Ich sagte: "Teufel, du hörst damit sofort auf. Ich gebiete dir in Jesu Christi Namen, diesen Mann in Ruhe zu lassen." Daraufhin beendete ich meine Predigt.

Als wir an diesem Nachmittag nach Hause kamen, war mein Bruder im Haus. Er befand sich offensichtlich in guter Laune. Er erzählte uns, daß er im Park spazierengegangen sei und daß er sich entschlossen hatte, mit allem auf seine Weise Schluß zu machen. Ich sagte ihm, daß ich darüber Bescheid wüßte. Er erzählte weiter, daß plötzlich etwas über ihn gekommen sei und er davon befreit worden wäre. Es war, als ob sich eine Wolke von ihm gehoben hätte, und er kehrte daraufhin pfeifend und singend nach Hause zurück.

Er wußte damals nicht, wie er sich selbst an den Herrn wenden konnte.

Deshalb müssen diejenigen von uns, die älter sind, den anderen helfen. Die Zeit wird jedoch kommen, wenn sie wissen müssen, wie sie solche Dinge für sich selbst tun können.

Wir müssen es lernen, an den Ort erhoben zu werden, wo Gott uns haben möchte. Die Gemeinde versagt zu oft in ihrem Dienst der Vollmacht und ist niedergebeugt, besiegt und völlig verängstigt. Eph. 1,22: *"Und wobei er alles unter seine Füße tat und ihn zum Haupt über alles der Gemeinde gab."* Er ist das Haupt, Er herrscht über Krankheit und Schmerzen und alles andere, was böse ist. Er wurde zum Haupt über alle Dinge gemacht um der Gemeinde willen.

Wir müssen ehrfürchtig vor diesen gewaltigen Wahrheiten verharren, so daß ihre überwältigende Bedeutung unsere Herzen ergreifen kann. Wenn dies geschieht, werden wir reiche Belohnung ernten. Mit einer solchen Einstellung kann der Geist der Wahrheit uns an den Ort erheben, wo wir die wahre Bedeutung der Offenbarung Gottes erkennen können. Paulus betet für die Gemeinde in Ephesus, damit sie den Geist der Weisheit und Offenbarung empfangen möge. Gott hat Christus zum Haupt über alle Dinge für die Gemeinde gemacht. Um unseretwillen ist Er das Haupt, so daß wir durch Ihn diese Autorität über alle Dinge ausüben können. Wenn wir erkennen, was uns gehört, werden wir uns an dem Sieg, den Er für uns errungen hat, erfreuen. Der Teufel wird kämpfen, um uns davon abzuhalten, dorthin zu gelangen. Aber durch standhaften Glauben wird der Sieg uns gehören.

Kapitel 6

Auferstanden mit Christus

Im Kolosserbrief schreibt Paulus an die Gemeinde in Kolossae. Aus einem etwas anderen Blickwinkel heraus drückt er eigentlich dasselbe aus, was er schon im Epheserbrief gesagt hatte.

Kol. 1,15–20: *"Welcher das Ebenbild des unsichtbaren Gottes ist, der Erstgeborene aller Kreatur. Denn in ihm ist alles erschaffen worden, was im Himmel und was auf Erden ist, das Sichtbare und das Unsichtbare, seien es Throne oder Herrschaften oder Fürstentümer oder Gewalten: alles ist durch ihn und für ihn geschaffen; und er ist vor allem, und alles besteht in ihm. Und er ist das Haupt des Leibes, [nämlich] der Gemeinde, er, der der Anfang ist, der Erstgeborene aus den Toten, damit er in allem der Erste sei. Denn es gefiel [Gott], daß in ihm alle Fülle wohnen sollte und alles durch ihn versöhnt würde zu ihm selbst – dadurch daß er Frieden machte durch das Blut seines Kreuzes – durch ihn, sowohl was im Himmel, als auch was auf Erden ist."*

Christus wurde durch eine Tat des Vaters lebendig gemacht. Kol. 2,12: *"Indem ihr mit ihm begraben seid in der Taufe, in welchem ihr auch mit auferstanden seid durch den Glauben an die Kraftwirkung Gottes, der ihn von den Toten auferweckt hat."* Diese Schriftstelle sagt, daß wir mit Ihm auferweckt worden sind. Beachte den Ausdruck 'durch den Glauben an die Kraftwirkung Gottes'. Wir wurden zur selben Zeit wie Er durch die Kraft Gottes auferweckt.

Laßt uns bis zum 15. Vers weiterlesen. *"Auch euch, die ihr tot waret durch die Übertretungen und den unbeschnittenen Zustand eures Fleisches, hat er mit ihm lebendig gemacht, da er euch alle Übertretungen vergab, dadurch, daß er die gegen uns bestehende Schuldschrift, welche durch Satzungen uns entgegen war, auslöschte und sie aus der Mitte tat, indem er sie ans Kreuz heftete. Als er so die Herrschaften und Gewalten auszog, stellte er sie öffentlich an den Pranger und triumphierte über sie an demselben."*

Beachte, daß das Wirken hier vom Vater ausgeht. Er ist derjenige, welcher die Heiligen zusammen mit Christus auferweckte und ihnen ihre Vergehungen vergab. Er ist es, der die entgegenstehende Schuldschrift, die Seinem Volk im Weg stand, an das Kreuz Seines Sohnes heftete.

Gott formte den Plan der Erlösung. Er ist derjenige, der die Fürstentümer und Gewalten, die der Auferstehung Christi entgegenstanden, vernichtete. Deshalb sagt Paulus hier, daß die Aktion von Gott dem Vater ausging. Gott weckte Jesus von den Toten auf. Gott gab Ihm einen Namen, der über jedem Namen ist.

Beachte ebenfalls, daß Gott den Mächten der Luft die Autorität abnimmt, die ihnen gehört hatte. Der Tod ist die Strafe für Sünde, und als Christus die Schuld dieser Welt ans Kreuz trug, versuchten die Gewalten der Luft, ihre alten Hoheitsrechte auszuüben, und hofften, Ihn in ihrer Macht zu behalten. Wir müssen uns daran erinnern, daß selbst körperlicher Tod nicht von Gott ist, sondern vom Feind. Der Tod ist immer noch ein Feind, und die Bibel sagt, daß er der letzte Feind ist, der unter Jesu Füße getan wird.

Diese versuchten Christus festzuhalten. Aber in der Weisheit des Vaters wurde die seit langem bestehende Schuldschrift des Gesetzes durch die Hingabe Jesu, des Gerechten, zum Tode ausgelöscht. Der Vater nagelte die ausgelöschte Schuldschrift an das Kreuz Seines Sohnes, nahm Satan und den Fürstentümern ihre Autorität ab und übergab dann die Autorität Seinem Sohn. Beachte, daß Er sie daraufhin *"öffentlich an den Pranger stellte und über sie an demselben triumphierte."* Diese Worte des Apostels berichten von der Erhebung des Sohnes über Seine Feinde, wie es im Epheserbrief erwähnt wird. Hier betont er das Wirken Gottes des Vaters im Akt der Vernichtung der feindlichen Mächte und im Sieg über Satan.

Im Epheserbrief weist Paulus darauf hin, daß der Sohn über diese Mächte gesetzt wurde und daß Er die Autorität von Gottes Thron besitzt. Gerade diese Tatsache hat die Gemeinde nicht erkannt. Wir wissen zwar, daß Jesus das überragende Haupt der Macht Seiner Gemeinde ist; wir haben aber nicht erkannt, daß das Haupt zur Ausführung Seiner Pläne vollkommen auf den Leib angewiesen ist. Wir haben nicht erkannt, daß wir mit Christus in himmlischen Örtern sitzen und daß die Ausübung der Autorität über die Gewalten der Luft durch Seinen Leib geschehen muß.

Jetzt können wir wie niemals zuvor begreifen, was Jesus meinte, als Er sagte: "... was irgend ihr auf der Erde binden werdet, wird im Himmel gebunden sein, und was irgend ihr auf der Erde lösen werdet, wird im Himmel gelöst sein" (Matth. 18,18). Das bedeutet, daß wir die Autorität auf der Erde ausüben sollen. Als ich einige Male für geliebte Angehörige, die dem Tode nahe waren, gebetet hatte, sagte der Herr zu mir: "Was immer du für sie bekennst, das werde Ich tun." Und so bat ich den Herrn, ihnen noch zwei oder drei Jahre zu geben. Er sagte mir: "Kein irdischer Vater sehnt sich so sehr danach, mehr für seine Kinder zu tun, wie Ich. Wenn Meine Kinder es Mir doch nur erlauben würden!"

Wir müssen im Glauben mit dem Herrn zusammenarbeiten. Die Vorstellung, daß Gott ein Tyrann ist, entsteht nur aus Unwissenheit. Wir müssen unseren Teil ebenfalls tun. Der Herr wird in Seinen mächtigen Plänen behindert, weil Sein Leib die tiefe Bedeutung Seiner Erhöhung und die Tatsache, daß wir mit Ihm zur Rechten des Vaters sitzen, noch nicht richtig zu schätzen gelernt hat.

Der Heilige Geist kommt zu uns, um in uns zu wohnen, und Er wird uns führen, aber Jesus sagte auch, daß Er uns in die ganze Wahrheit führen wird. Du kannst nicht einfach dem Geist ohne das Wort folgen und wirklich die Wahrheit erkennen. Ein Prediger sagte einmal, daß er die Bibel nicht mehr bräuchte, denn er hätte ja jetzt den Heiligen Geist. Aber er braucht sie. Der Geist Gottes führt uns niemals gesondert vom Wort. Das Wort Gottes ist aus dem Geist Gottes, da es heilige Männer von alters her geschrieben haben. Du kannst das Wort mit deinem Verstand nicht begreifen, du begreifst es aber in deinem Herzen. Das Wort Gottes ist von äußerster Wichtigkeit. Der Autor der Lebensgeschichte von Smith Wigglesworth weist darauf hin, daß Wigglesworth an erster Stelle ein Mann des Wortes war und an zweiter Stelle ein Mann des Geistes. Das ist eine sehr sichere Kombination.

Kapitel 7

Die Waffen unserer Kriegsführung

Der Gläubige muß immer mit der geistlichen Waffenrüstung bekleidet sein. Eph. 6,10–11: *"Im übrigen, meine Brüder, erstarket im Herrn und in der Macht seiner Stärke. Ziehet die ganze Waffenrüstung Gottes an, damit ihr den Kunstgriffen des Teufels gegenüber standzuhalten vermöget."* Wenn ein Mensch die Waffenrüstung Gottes trägt, ist er gekennzeichnet.

Deshalb wird der Teufel alles tun, was in seiner Macht steht, um dich von dieser Erkenntnis abzuhalten. Wenn du trotzdem zu der Erkenntnis gelangst, wird er versuchen, dir zu widerstehen, um sie dir zu rauben. Anfechtungen werden aufkommen, und manche werden fallen. Der Teufel möchte, daß du einfach aufgibst und sagst, daß dies für dich nicht zutrifft. Als ich über dieses Thema predigte, kam ein Mann nach der Versammlung zu mir und sagte, daß es auf ihn nicht zutreffe. Ich erwiderte ihm, daß Gott ein Lügner wäre, wenn die Waffenrüstung nicht standhalten kann. Mit einer solchen Aussage nannte der Mann Gott einen Lügner. Ich würde lieber sterben, als zu sagen, daß das Wort Gottes nicht die absolute Wahrheit ist und nicht eintrifft. Wenn irgendetwas nicht eintrifft, dann liegt es an mir. Das Wort Gottes versagt niemals. Der Teufel widersteht verbittert deinem Eindringen in sein Herrschaftsgebiet, denn er übt Autorität über die Gewalten der Luft aus und möchte dies auch weiterhin tun. Er nimmt jeden Eingriff sehr übel. Er wird seine gesamte Kraft in einer intensiven Kriegsführung auf dich konzentrieren. Wenn du den Angriffen gegen deinen Geist erfolgreich widerstehst, dann wird er dich durch deinen Verstand, deinen Körper, deine Familie oder durch Umstände angreifen. Du kannst dich schon darauf vorbereiten, denn die Angriffe werden kommen.

Die besondere Vorrechtsstellung wird zu einer besonderen Gefahrenstellung. Es gibt keine Wahrheit, gegen die so viel Widerstand geleistet wird, wie die der Autorität des Gläubigen. Der Heilige Geist betete duch Paulus, daß die Augen der Menschen geöffnet würden, damit sie die volle Vorsorge erkennen mögen, die für ihre Sicherheit getroffen wurde. Ich habe erlebt, wie der Teufel versuchte, gläubige Christen zu vernichten. Sie bemühten sich, diese Wahrheiten zu lehren, oder sie waren darüber belehrt worden. Sie versuchten nach dem Wort Gottes zu handeln. Oftmals wurden sie im körperlichen Bereich besiegt, weil sie sich in ihrem Geist nicht niederwerfen ließen. Der Teufel versuchte sie auf jede nur mögliche Weise zu besiegen. Für ihre Sicherheit war jede Vorsorge getroffen worden, und der Feind hätte sie nicht besiegen können, wenn sie davon Gebrauch gemacht hätten.

Der Gläubige muß immer mit der Waffenrüstung angetan sein:

Eph. 6,10–17: *"Im übrigen, meine Brüder erstarket im Herrn und in der Macht seiner Stärke. Ziehet die ganze Waffenrüstung Gottes an, damit ihr den Kunstgriffen des Teufels standzuhalten vermöget; denn unser Kampf richtet sich nicht wider Fleisch und Blut, sondern wider die Herrschaften, wider die Gewalten, wider die Weltbeherrscher dieser Finsternis, wider die geistlichen [Mächte] der Bosheit in den himmlischen [Regionen]. Deshalb ergreifet die ganze Waffenrüstung Gottes, damit ihr am bösen Tage zu widerstehen vermöget und, nachdem ihr alles wohl ausgerichtet habt, das Feld behalten könnet. So stehet nun, eure Lenden umgürtet mit Wahrheit, und angetan mit dem Panzer der Gerechtigkeit, und die Füße gestiefelt mit Bereitwilligkeit, die frohe Botschaft des Friedens zu verkündigen. Bei dem allen aber ergreifet den Schild des Glaubens, mit welchem ihr alle feurigen Pfeile des Bösewichts auslöschen könnet. Und nehmet den Helm des Heils und das Schwert des Geistes, nämlich das Wort Gottes..."*

Die verschiedenen Teile dieser Waffenrüstung symbolisieren bestimmte geistliche Einstellungen, die der Gläubige beibehalten muß. Wenn der Gläubige diese Waffenrüstung trägt, dann ist er geschützt und ungehindert in seinem Dienst der Vollmacht. Er muß sich nur darum kümmern, daß die Waffenrüstung strahlend bleibt, und daß er sie immer fest angelegt hat.

Als erstes wird der Gürtel der Wahrheit genannt. Er repräsentiert das klare Verständnis von Gottes Wort. Wie der Gürtel eines Soldaten, so hält er den Rest der Waffenrüstung an der richtigen Stelle. Als zweites wird vom Panzer der Gerechtigkeit gesprochen. Dieser hat eine zweifache Bedeutung. Erstens: Jesus ist unsere Gerechtigkeit. Als erstes ziehen wir Ihn an. Durch den Brustschild wird aber auch unser aktiver Gehorsam dem Wort Gottes gegenüber ausgedrückt. Drittens sind unsere Füße beschuht mit der Bereitschaft des Evangeliums des Friedens. Dies ist der treue Dienst der Verkündigung von Gottes Wort. Viertens: Der Schild des Glaubens. Wir wissen, daß ein Schild den ganzen Leib deckt. Er bezeichnet unsere vollkommene Sicherheit und Zuflucht unter das Blut von Golgatha, wohin keine Macht des Feindes hindurchdringen kann.

Dann gibt es noch den Helm des Heils, auf welchen im 1. Thess. 5,8 als die Hoffnung unseres Heils hingewiesen wird. Die Hoffnung auf das Heil ist der einzige Helm, der fähig ist, unser Haupt in diesen Tagen vor dem Abwenden von der Wahrheit zu beschützen. Und schließlich das Schwert des Geistes: das Wort Gottes. Dies zeigt, daß das Wort Gottes in einem aktiven Sinn benutzt werden soll. Die anderen Waffen sind mehr oder weniger Verteidigungswaffen.

Vers 18: *"Bei allem Gebet und Flehen aber betet jederzeit im Geist und wachet zu diesem Zwecke in allem Anhalten und Flehen für alle Heiligen..."* Jetzt sind wir bereit für den Gebetskampf, denn wir haben die ganze Waffenrüstung angelegt. Das Beten im Geist wird den Kampf gewinnen.

Kapitel 8

Autorität über dämonische Geister – nicht über den menschlichen Willen

Obwohl wir Autorität über Dämonen und Teufel haben, haben wir dennoch keine Gewalt über unsere Mitmenschen und ihren Willen. Vor einigen Jahren begleitete mich ein befreundeter Pastor aus Fort Worth zu einer Zeltversammlung, die ich in Kalifornien abhielt. Er litt an Diabetes und mußte jeden Morgen seinen Urin auf Zucker hin untersuchen, um festzustellen, wieviel Insulin er benötigte. Jeden Tag mußte er sich selbst eine Spritze geben. Als wir auf dem Weg nach Kalifornien waren, sagte ich zu ihm: "Solange du bei mir bist, wirst du keinen Zucker mehr feststellen." Ich übte Autorität über diese Krankheit aus. Er schaute mich ungläubig an, aber er war beinahe zwei Wochen mit mir zusammen und konnte während dieser Zeit keinen Zucker feststellen. Er aß sogar Kuchen und Torte, und dennoch zeigten die Tests keinen Zucker an. Er erzählte mir später, daß er erst drei Tage nach seiner Heimkehr wieder Zucker registrierte.

Ich hatte Gewalt über die unsichtbaren Kräfte, aber ich hatte keine Gewalt über seinen Willen. Ich konnte seine Krankheit beherrschen, solange er bei mir war und diese unsichtbaren Kräfte sich in meiner Gegenwart befanden. Ich versuchte ihn davon zu überzeugen, daß er genau dasselbe tun könnte, aber er erwartete, daß die Krankheit wieder zurückkommen würde, und genauso geschah es.

Wir haben keine Gewalt über den menschlichen Willen, aber wir haben Vollmacht über den Teufel, der versucht, den Willen des Menschen weiterhin zu beherrschen. Vor eingen Jahren, als mein älterer Bruder durch Satan gebunden war, sagte ich: "Satan, im Namen Jesu Christi breche ich deine Macht im Leben meines Bruders, und ich fordere seine Befreiung und seine Erlösung." Etwa zwei Wochen später wurde er gerettet. Fünfzehn Jahre lang hatte ich versucht, ihn zur Erlösung zu führen. Nichts hatte Erfolg gehabt. Aber als ich mich Satan entgegestellte und meine Autorität in Anspruch nahm, hatte ich Erfolg.

Jemand sagte mir einmal, daß er dies auch versuchen wolle, um zu sehen, was dabei herauskommt. Dabei wird nichts herauskommen; denn ich versuchte es nicht, ich *tat* es. Manchmal sagen Christen, daß sie etwas ausprobieren wollen, einfach nur, weil es bei einer anderen Person Erfolg hatte. Wenn sie aber das Wort Gottes studieren, bis sie selbst von dem Wort der Autorität durchdrungen sind, dann wird es für sie Erfolg bringen. Der Teufel wird dich schlagen, wenn du versuchst, nach dem Wort Gottes zu handeln, ohne daß dieses Wort wirklich deinen Geist durchdrungen hat und fest darin gegründet ist. Aber wenn du im Wort Gottes fest gegründet bist und danach handelst, dann wirst du den Teufel in jeder Schlacht besiegen.

Die Bibel macht einen Unterschied zwischen Dämonenaustreibung und der Heilung von Kranken. Oftmals reagieren bestimmte Leiden weder auf Gebet noch auf Handauflegung, weil sie durch einen bösen Geist verursacht werden. Eine Frau aus einer Baptistengemeinde in New Orleans war geistesgestört und mußte in einer Heilanstalt leben. Ein Universitätsprofessor war mit ihrem Fall vertraut und benutzte ihn zur Veranschaulichung in seinem Unterricht. Eines Tages ging ein geisterfüllter Baptistenprediger, den ich kannte, in die Heilanstalt, um für sie zu beten. Er trieb sieben Teufel aus ihr aus, und sie wurde sofort gesund. Dies beeindruckte den Professor so sehr, daß er den Prediger einlud, ihm mehr darüber zu erzählen. Als Resultat empfing die Frau des Professors die Erfüllung mit dem Heiligen Geist und sprach in neuen Zungen. Der Professor wollte ebenfalls erfüllt werden, und seine Lehre beinhaltet jetzt auch die Tatsache, daß Dämonen eine größere Auswirkung auf die Welt haben, als man annimmt.

Die medizinische Wissenschaft interessiert sich seit mehreren Jahren für göttliche Heilung. Vor einiger Zeit erschien ein Artikel in einem Magazin, in dem ein bekannter Arzt aussagte, daß der Ärztestand göttliche Heilung nicht abwerte, weil der medizinische Beweis vorlag, daß Menschen, die von den Ärzten als unheilbar aufgegeben worden waren, durch göttliche Kraft geheilt und vollkommen gesund geworden sind. Er sagte, daß man natürliche Heilung unter einem Mikroskop beobachten könne, aber daß man göttliche Heilung nicht mikroskopisch feststellen kann. Er sagte auch, daß der Ärztestand lernen möchte, wie man durch göttliche Heilung den Menschen helfen kann.

Dein Körper ist von der Herrschaft Satans befreit. Dein Denken steht nicht mehr unter seiner Gewalt. Du hast Macht über all diese unsichtbaren Kräfte. Du kannst sogar über andere Autorität ausüben, solange sie sich in deiner Nähe befinden. Wenn du erkennst, daß die Autorität in deinem Haus dir gehört, wirst du sie mit Erfolg ausüben. Ich weiß von Frauen, die dem Teufel vollmächtig gebieten, wenn ihre Ehemänner nach Hause kommen und ihnen die Hölle heiß machen. Sie bedrohen Satan und nehmen ihre Autorität über ihn in Anspruch. Sie tun es ruhig und sanft und verändern dadurch die ganze Situation. Wenn Mitglieder meiner Familie übermäßig zornig werden, dann nehme ich ganz einfach Autorität darüber ein. Sie merken, wenn ich es tue, denn sie schauen mich mit einem überraschten Ausdruck an. Aber sie werden sofort wieder normal. Ich übe keine Autorität über ihren Willen aus, sondern über den Geist, der sie dazu bringt, so etwas zu tun.

Einmal sagte Jesus zu Petrus, daß Er am Kreuz sterben werde, und Petrus widersprach Ihm, indem er sagte: "Dies wird Dir nicht widerfahren." Jesus wandte sich sofort an ihn und sagte: "Gehe hinter mich, Satan!" Er nannte Petrus nicht Satan. Unbewußt hatte Petrus sich dem Teufel gefügt. Manchmal fügen Christen sich unbewußt dem Feind. Aber wir können Autorität darüber ausüben.

Wir können auch Autorität über Angst ausüben. Die Bibel sagt: *"Denn Gott hat uns nicht einen Geist der Furchtsamkeit gegeben, sondern der Kraft und der Liebe und der Zucht"* (2. Tim. 1,7). Die Bibel nennt Angst einen Geist. Gott hat uns jedoch einen Geist der Kraft, der Liebe und der Besonnenheit gegeben. Als ich noch ein Baptistenpastor war, nahm ich immer Autorität über Angst und Zweifel ein. Wenn ich in Versuchung geriet zu zweifeln, sagte ich: "Zweifel, ich widerstehe dir im Namen Christi." Wenn ich mit Angst versucht wurde, widerstand ich der Versuchung in Jesu Namen. Die Angst wird auch dich verlassen, wenn du dies tust.

Wir können sogar Autorität über die Gegner der Wahrheit ausüben. Zu viele Menschen sitzen untätig herum und warten darauf, daß Jesus etwas dagegen unternimmt. Aber du mußt etwas dagegen unternehmen. In Texas lebte ein geisterfüllter Pastor Tür an Tür mit einem Polizisten, der Mitglied einer bestimmten Gemeinde war. Der Pastor überredete den Polizisten dazu, seine Gemeinde zu besuchen. Daraufhin fragte der Polizist den Pastor spaßeshalber, ob er auch mit ihm in seine Gemeinde gehen würde. Er entschloß sich mitzugehen, da der Polizist ihm erzählt hatte, daß an jenem Tag über das Thema der Sprachenrede gepredigt würde.

Der Prediger dieser Gemeinde sagte jedoch nichts über die biblischen Tatsachen, sondern berichtete nur verschiedene Dinge, von denen er gehört hatte, daß sie unter den "Zungenrednern" geschehen würden. Dann fing er an, sie zu imitieren. Als der geisterfüllte Pastor das hörte, nahm er Autorität darüber ein. Der Sprecher hörte sofort auf, wurde fahlweiß und setzte sich hin, ohne seine Predigt zu beenden. Der Polizist erkannte, was geschehen war, und ging später zu dem geisterfüllten Pastor, drückte seine Hand und umarmte ihn sogar. Er sagte: "Gott segne Sie. Ich bin so froh, daß Gott ihn aufgehalten hat. Er hätte sich klüger verhalten sollen." Am nächsten Abend entschuldigte sich der Prediger jener Gemeinde, daß er über etwas gesprochen hatte, worüber er nicht allzu viel wußte. Er sagte, er habe das Gefühl, als ob Gott ihn aufgehalten hätte. Er sah ein, daß es besser ist, nicht über Dinge zu reden, von denen er nicht allzu viel versteht.

Wir erkennen oft, daß bestimmte Anfechtungen in unserem Leben auf das Wirken des Feindes zurückzuführen sind, und wir schreien zu Gott, daß Er den Feind bedrohen möge und die Umstände verändern soll. Aber Gottes Wort sagt uns: *"Widerstehet dem Teufel, so flieht er von euch"* (Jak. 4,7). Die Vollmacht über den Teufel gehört dir. Die Verantwortung liegt auf dir.

Eph. 2,7: *"Auf daß in den darauffolgenden Zeiten den überschwenglichen Reichtum seiner Gnade erzeigte durch Güte gegen uns in Christus Jesus."* Er hat einen hohen und heiligen Dienst für uns in den Zeitaltern, die noch kommen werden. Jetzt ist deine Zeit der Vorbereitung und der Prüfung. Sei stark, und nichts wird sich dir jemals entgegenstellen können, denn du sitzt hoch oben mit Christus. Übe deine Autorität aus. Widrige Umstände konnten existieren, weil wir sie erlaubt haben. Es gefällt mir sehr, wie eine neuere Bibelausgabe Matth. 18,18 übersetzt. In den meisten Bibelübersetzungen lautet dieser Vers folgendermaßen: *"Wahrlich, ich sage euch, was ihr auf Erden binden werdet, das wird im Himmel gebunden sein, und was ihr auf Erden lösen werdet, das wird im Himmel gelöst sein."* Die "Twentieth Century"-Übersetzung lautet: *"Welche Dinge ihr euch weigert auf Erden zu erlauben, denen wird auch im Himmel die Existenz verweigert."*

Folgende Bücher von Dr. Hagin sind in deutscher Sprache erhältlich:

Biblischer Glaube – ein Studienkurs
Der Heilige Geist und Seine Gaben
Die Dienstgaben

Herr, lehre uns beten
Die hohe Kunst der Fürbitte
Die Salbung
Geführt von Gottes Geist
Nicht länger Unmündige
Der gute Kampf des Glaubens

Heilung gehört uns
Die Autorität des Gläubigen
Müssen Christen leiden?
Wie erkenne ich den Willen Gottes?
Erlöst von Armut, Krankheit und Tod

Die neue Geburt
Das Sprachengebet
Gottes Medizin
In Ihm
Liebe, der vortrefflichste Weg
Der biblische Weg zur Erfüllung
mit dem Heiligen Geist
An den Pforten der Hölle
Gottes Gaben und Berufung